8 Segredos do Sucesso em Vendas

MÉTODO FIDELIZE

JOÃO PAULO ÁVILA

Copyright © 2018 JOÃO PAULO ÁVILA

Todos os direitos reservados.

ISBN-9781719879972

Dedico esta obra em especial para:

Minha mãe Elvira Ávila, minhas irmãs Nani e Carmem Ávila e meus filhos Léo e Thay

ÍNDICE

	Introdução	1
1	Faça as coisas acontecerem	3
2	Inicie com sabedoria	13
3	Domine a arte de vender	19
4	Esteja disposto a vencer	27
5	Ligue-se ao momento da venda	35
6	Invista em você	45
7	Zere suas inseguranças	53
8	Estenda o relacionamento	59
9	Considerações finais	67
10	Sobre o autor	69

AGRADECIMENTO

Agradeço especialmente a você que está neste momento lendo esta obra, porque faz parte de um grupo muito especial de pessoas que buscam o sucesso e a realização profissional e pessoal, e que assim prestigia meu trabalho fazendo-me cada vez mais empenhado em produzir sempre mais e melhor.

INTRODUÇÃO

8 Segredos do Sucesso em vendas, Método Fidelize é uma nova edição de um trabalho que foi elaborado para facilitar à vida dos profissionais de vendas e todos aqueles que desejam ingressar nesta rentável profissão e foi escrito pela primeira vez em 2005 sob o título de MÉTODO FIDELIZE As 8 Regras de Sucesso em Vendas.

Atuando na área comercial há 35 anos, em grandes empresas atacadistas e varejistas do Brasil, o autor é conhecedor das dificuldades enfrentadas diariamente por você para atingir metas e objetivos.

Este trabalho contém todos os conhecimentos adquiridos na prática, pesquisas, estudos, investimentos em cursos e capacitações profissionais, além de ter a participação dos melhores profissionais que atuam na área comercial.

O Método está no mercado á nove anos, e durante este tempo vem recebendo avaliações cinco estrelas pelo público que o conhece.

Foi atualizado e em seu conteúdo foram acrescentadas novas informações que o tornaram muito mais completo.

Este curso será uma grande ferramenta de apoio a ser usada no seu dia a dia, e se forem colocadas em prática às técnicas aqui apresentadas o seu sucesso estará garantido.

JOÃO PAULO ÁVILA

1
FAÇA AS COISAS ACONTECEREM

Não espere que as coisas venham ao seu encontro, vá à busca, procure, pesquise, estude, crie e se atualize.
Saiba que existe uma grande diferença entre o homem comum e o empreendedor.

O homem comum vive o tempo todo de olho no relógio preocupado com o horário de entrar, de almoçar, de lanchar e de ir-se embora.

Entrar mais cedo no trabalho? Fazer um tempo menor de almoço ou sair mais tarde? Nem pensar, segue apenas as normas dizendo "eu é que não vou dar meu sangue pela empresa, meu patrão fica rico e no final nunca sou lembrado", O empreendedor não.

Este levanta cedo, entra antes do horário, prepara seu ambiente, o material de trabalho, coopera com

seus colegas e permanece mais tempo na empresa.
Ele trabalha para cumprir suas metas estabelecidas, pois sabe que no final do mês será ou estará entre os primeiros colocados da equipe.

Vou contar uma história interessante.

Certa vez saíram dois engenheiros que estavam em férias para caminhar no campo.

Andaram pela relva e por fim voltaram para casa.

Chegando a casa viram que suas roupas estavam cobertas de carrapichos.

Um deles começou a reclamar do ocorrido porque teria que levar as roupas para a lavanderia no dia seguinte.

O outro chamado Georges de Mestral, sentou, retirou um carrapicho da roupa e ficou a observar.

Olhou o carrapicho contra a luz, e ficou curioso em saber como ele conseguia se afixar no tecido daquela maneira.

Levou para o seu laboratório e observou com o microscópio insistentemente e sabe qual foi o resultado?
Em 1941, ele inventou o velcro e ficou milionário.

Este é um bom exemplo do que é ser um empreendedor.

O homem empreendedor consegue descobrir as oportunidades onde os outros não percebem.

Existem pessoas que passam o tempo todo reclamando.

Reclamam da vida, do calor, do frio, do governo, da esposa, do marido, e assim por diante.

Reclamar é uma das formas que encontramos de desviar nosso senso crítico de nós mesmos, das nossas falhas, do nosso marasmo de nossa falta de iniciativa.

O grande problema é que normalmente nos concentramos no problema ao invés de direcionar nossa atenção á solução do problema.

Chega um momento em devemos deixar de reclamar e ir á luta. Valorizar as conquistas, acreditar em nós, em nossa capacidade, criatividade e força.

Habitue-se a terminar tudo o que começar por menor que o que estiver fazendo pareça ser.

Procure nunca desistir no meio do caminho, a menos que se torne inviável a continuidade.

Antes de começar algo, estude a situação, faça planejamento, veja as formas de realizar, pese os prós e os contras e esteja preparado sempre com um plano b para o caso de aparecerem problemas.
Não pense e aja como amador, porque se houver planejamento e profissionalismo as chances de tudo dar certo são enormes. Uma coisa é certa: Você pode fazer tudo o que realmente quiser, basta que acredite em você e na sua capacidade. Pesquise, estude, planeje e esteja preparado.

Vamos mudar as coisas, nossa postura e acreditar em nós.

Vamos mudar, vamos ter sucesso.

Na verdade, vamos ser o sucesso. Mas se vamos mudar que seja hoje, Que seja agora.

Vamos mudar nossa atitude mental do pessimismo para o otimismo. Da apatia para a energia e do desânimo para o desejo de vencer.

Temos duas maneiras de enfrentar nossas dificuldades, nos lamentando ou serenamente. Mas de uma maneira ou de outra as enfrentaremos.

Então devemos escolher qual a melhor forma de enfrentar estas dificuldades. Com certeza será mais fácil se enfrentarmos com coragem e vontade de vencer.

Agora vou dar umas dicas de como tornar as coisas mais fáceis em termos de metas.

São ideias que comprovadamente funcionam.

No Coaching existem algumas ferramentas que são muito úteis para causar mudanças em todos os setores da vida, mas vamos aqui falar sobre três que são muito importantes e eficientes.

- A roda da vida
- Inventário de crenças Limitantes
- Grade de metas

Roda da vida

A roda da vida é um mapeamento que devemos fazer para melhorar determinados setores da vida que precisam ser trabalhados. Vejamos oaeemplo baixo:

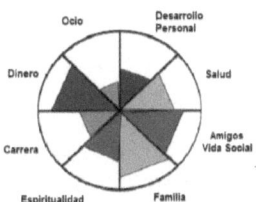

A roda da vida pode ser usada para melhorar os aspectos menos trabalhados em nossa vida. Usando o gráfico acima devemos preencher as áreas conforme a situação atual.

As áreas que estiverem com nível baixo são as precisam ser trabalhadas para alcançarem melhores índices.

Inventário de crenças e limites

Uma crença pode ajudar ou atrapalhar nosso sucesso profissional e pessoal. Crença é uma profecia auto realizável, como por exemplo:

Se eu me acho bonito vou me arrumar bem e as pessoas me verão como me sinto. Se me acho feio serei descuidado e assim serei visto pelas pessoas.

Para que o inventário funcione devemos seguir alguns processos como o de investigar o inventário.

Digamos que temos a meta de estudar no exterior devemos nos fazer as seguintes perguntas.
Você acredita que merece atingir a meta?

1 2 3 4 5	6 7 8 9 10
DISCORDO	ACREDITO TOTALMENTE

Assim você deve se fazer as perguntas pertinentes as suas metas e responder com sinceridade.
Se você obtiver um maior número de notas abaixo de cinco na somatória geral o melhor será partir para outra ideia porque se você não consegue acreditar nesta meta é porque ela não foi feita para você.

Grade de metas

Para usar a grade de metas você deve estabelecer metas de cinco a trinta anos que deverão ser alcançadas gradativamente. As metas devem ser atrativas. Você deve criar metas que lhe façam sentir vontade de conquistar. A meta precisa atrair emoção. Veja o exemplo.

O EU QUERO	POSSUO	JOGAR FORA
O QUE TENHO	METAS	QUERO EVITAR

Após criar o esquema acima vá para o plano de ação.

Você deverá criar e realizar tarefas para atingir o plano de ação.

Ver seus recursos disponíveis para atingir o plano. Os custos que o plano exige.

Estipular datas para atingir a meta.

Vamos criar uma tarefa que com um plano de ação que deverá ser seguido para atingir o objetivo desejado. Esta tarefa exige foco e dedicaçãp. Vamos dizer que eu quero juntar trinta mil reais em três anos.

Tarefa - Abrir uma caderneta de poupança, trabalhar duas horas a mais por dia, economizar R$ 27,77 por dia e eliminar gastos desnecessários.

Recursos - Economizar R$ 1.000,00 por mês

Custos - Neste caso eu não terei

Estipular data - 3 anos

Acompanhamento - Analisar o andamento do plano.

Fracionando metas

Vamos criar uma meta anual de ganhar R$ 100.000,00, por exemplo.

Se dividir este valor por 12 meses serão R$ 8.333,00. É difícil? Então vamos dividir por 30 dias, ficou apenar R$ 277,76.

Ainda parece muito? Bem, vamos dividir por 10 horas de trabalho. O valor cai para R$ 27,77.

Quer dizer que você deve aperfeiçoar seu atendimento para aproveitar todas as oportunidades, e assim ganhar seus R$ 27,77 por hora. Quer atingir objetivos?

Permaneça mais tempo em seu local de trabalho, seja um homem empreendedor e não comum, aprenda a usar as leis do universo a seu favor, atravaés dos poderes da visualizzação, os quais serão explicados nos próximos capítulos deste livro.

Não pense que para vencer basta somente trabalhar sem descanso porque agindo assim estará somente atraindo estresse e cansaço ao invés de obter resultados positivos.

Se você deseja o sucesso e quer vencer

- Crie metas
- Levante cedo
- Acredite em você
- Seja positivo
- Exclua do seu vocabulário a palavra não
- Use frases afirmativas

Lembre-se existem fatores muito importantes que definem nosso sucesso ou não. Ao decorrer deste curso você ira conhecendo estes fatores como eles podem impactar sobre o nosso futuro ou mesmo nosso presente.

Assim conforme você ir estudando e colcando em pratica as orientações perceberá como é importante dominar as técnicas e conhecimentos corretos.

2
INICIE COM SABEDORIA

Iniciar com sabedoria, é realmente muito importante. Comece seu dia positivamente, levante cedo, agradeça pela saúde, pela vida, por tudo o que possui, porque se parar e analisar chegará à conclusão que possui muitas coisas boas. Procure ficar disposto, fazer exercícios, caminhadas ou algo assim. Isto o deixará alerta e mais preparado para o que deve vir durante o dia.

Cuide da sua aparência pessoal, usando um bom perfume, roupas passadas, e de bom gosto, isto atrai energias positivas. Grandes empresas normalmente fornecem uniformes. Mas se não for o caso você mesmo deverá tomar a iniciativa.

Procure usar roupas discretas e buscando a combinação, esteja sempre barbeado, curtos e cabelos unhas aparadas e apesar de estar na moda evite mostrar tatuagens aos seus clientes porque nem todos apreciam.

No caso das mulheres a sugestão é que evitem os excessos de maquiagem e uso de roupas chamativas, colares etc.

Cuide de sua alimentação para manter-se com bastante disposição. Procure visualizar um dia de sucessos e vitorias, criando um quadro mental de felicidade e realizações. Seja otimista, porque isto faz a diferença para a conquista do sucesso. Tenha fé em algo maior. Pense que nós viemos a este mundo para ser felizes e vencedores.

Foi comprovado cientificamente que pessoas com fé e sorridentes vivem mais e se recuperam com mais facilidade de doenças.

Mas principalmente tenha fé em você, em sua capacidade e inteligência. Iniciar com sabedoria começa por amar a si próprio, ninguém pode dar o que não possui. Se não somos capazes de amar a nós próprios não podemos amar alguém, e tampouco ser amados. Quando as pessoas percebem que não nos valorizamos, se afastam de nós.

Uma coisa é certa. Sem amar a nós mesmos dificilmente conseguiremos amar nosso trabalho. E se não fizermos nosso trabalho com amor, nunca teremos sucesso. Se não gostar do que faz, ouça um conselho. Procure algo que goste de fazer, que lhe de prazer e o faça sentir-se realizado. Quem ama o que faz, produz realmente muito mais porque trabalha com dedicação e entusiasmo.

Siga os passos a seguir e o sucesso estará com você.

1- No caminho para o trabalho escute boas músicas, seja cortês no transito porque assim criará uma energia benéfica a sua volta.

2- Se usar transporte coletivo ou similar olhe o movimento, leia um bom livro ou aproveite o tempo para rememorar seus projetos, metas e objetivos. Mas por favor, não durma, porque se dormir com certeza chegara desanimado ao trabalho.

3- Tenha regras na sua vida. Durma no mínimo seis horas à noite. Isto evita o cansaço físico e mental.

4- No caso de você ser um profissional de vendas internas, ao chegar ao salão de vendas, verifique seu material de trabalho, arrume o setor, cumpra todas as suas obrigações e sempre procure ir além delas.

Veja se tudo está em ordem e pronto para quando seu cliente chegar.

Nada pior do que entrar em um estabelecimento e ser atendido por uma pessoa confusa, perdida e despreparada.

A organização esta relacionada com profissionalismo, domínio de situação, responsabilidade e os dois juntos significam altos salários.

5- Procure sempre andar com naturalidade, sereno e seguro, um vendedor nervoso, inseguro e ansioso afasta os possíveis compradores.

6- Seja cordial, prestativo e colaborador com seus colegas e superiores, porque com certeza uma hora ou outra precisará deles para atender um cliente seu, ou resolver algo enquanto não estiver na loja.

7- Esteja sempre ligado ao movimento, evite ficar conversando distraidamente no salão de vendas, isto faz com que você perca a concentração necessária na hora que for preciso.

8- Não entre na sintonia de pessoas negativas, os pregadores do apocalipse, sempre que alguém vier com ideias ou notícias que desestimulam, afaste-se, procure inspirar-se nos profissionais de sucesso e não em perdedores pessimistas.

Saiba respeitar a hierarquia. Seus superiores estão lá porque lutaram muito para chegarem o cargo que ocupam.

Imagine o seu cliente tendo alguma dúvida e ao invés de procurar você, ele ir até o seu superior para esclarecer o assunto, você não ficaria contrariado?

Pessoas que sabem respeitar posições hierárquicas estão mais próximas de alcançarem promoções porque demonstrar que evoluíram tanto interiormente como profissionalmente.

Passamos do tempo de vivermos presos em caixinhas, feudos e disputando poder. Estamos na época de trabalhar em equipe.

Vamos pensar em um exemplo.

Pegue uma lista telefônica arranque uma folha e rasque ao meio. Fácil não?

Agora peque a lista telefônica arranque duas folhas e rasque ao meio. Ainda fácil.

Então desta vez pegue a lista inteira como é seu formato original e rasque ao meio. O que me diz?

Este exemplo mostra que diversos membros juntos tornam-se muito fortes e resistentes.

Assim deve ser uma equipe.

Todos unidos e lutando para atingir o mesmo objetivo.

Uma das formas de trabalhar em equipe é a comunicação.

Não ter medo de dar ideias e apresentar soluções.

Aquele que tem medo de ser notado, realmente nunca será visto.

"O sucesso não vem a nós devido à sorte ou acaso, mas através de muita luta dedicação e treinamentos." (João Paulo Ávila).

"Talento é mais barato que sal. O que separa a pessoa talentosa da bem-sucedida é muito trabalho duro."

(Stephen King)

3
DOMINE A ARTE DE VENDER

Vender é uma arte, e esta arte deve ser estudada, treinada e aperfeiçoada.

Você tem ideia do quanto um ator estuda para conseguir desenvolver seu trabalho?

São muitos anos.

Fazem escola de artes dramáticas, teatro, treinam falas, entonação de voz, canto e uma infinidade de coisas mais.

Para interpretar um personagem, eles pesquisam, visitam lugares onde tenha vivido ou vive aquele tipo de personagem, ensaiam, repetem exaustivamente a cena até sair com perfeição.

Os que conseguem ter mais sucesso seja em que área for dedicam-se sempre mais do que aqueles que são acomodados.

Outro exemplo:

Os grandes craques de futebol são na verdade um grande exemplo.

Eles nascem com uma tendência natural a desenvolver esta atividade.

Mas foi se embora o tempo em que os jogadores de futebol iam para o gramado, vestiam o uniforme, jogavam maravilhosamente e depois saiam direto para comemorar.

Atualmente exercitam-se, treinam incessantemente as jogadas, as cobranças de faltas, escanteios, a postura na área etc.

Tomemos com exemplo os europeus.

Normalmente não são atletas com toques maravilhosos, cheios de gingas, dribles bonitos, mas foram muitas vezes campeões do mundo e nesta copa de 2014 provaram o quanto o trabalho em equipe assim como traçar metas é importante.

Os grandes técnicos fazem isto para decidirem que meios vão utilizar para atingirem o objetivo definido.

Eles treinam, criam estratégias, estudam e se aperfeiçoam.

Eles possuem organização e isto é a base para o sucesso em todas as áreas da vida, tanto pessoal como profissional.

Isto que dizer que atualmente não existe mais espaço para amadorismo, improvisações e falta de organização. Quem não estiver disposto a investir em si mesmo está fadado ao fracasso.

Os profissionais de sucesso independentemente da área que atuam são os que se dedicam, estudam, treinam, se capacitam, dominam as técnicas atuais e conhecem seus produtos em todos os sentidos.

Antigamente o vendedor era visto com reservas.

Era considerada uma pessoa que quando não tinha uma ocupação, não passava na faculdade ou uma profissão definida apelava para a área de vendas, ou então era um espertalhão que falava muito e acabava "enrolando" o cliente, convencendo-o comprar objetos desnecessários.

Hoje as coisas felizmente mudaram, até porque vendedor é coisa do passado.

Existe hoje o profissional de vendas que podemos chamar de negociador.

Existem muitas diferenças entre vendedor e o profissional de vendas.

O primeiro é aquele que conhece o produto, quando conhece bem.

Que fala muito achando que não deixando o cliente pensar conseguira fechar a venda e ter sucesso na carreira.

O profissional de vendas ou negociador ao contrario conhece seus produtos em todos os detalhes, as técnicas corretas de abordagem, atendimento, demonstração de produtos, característica e benefícios, fechamento de vendas, pós-vendas e fidelização de clientes. Ele usa a informática, os cursos de capacitações, reciclagem, técnicas de vendas e aperfeiçoamento.

Comunica-se com seus clientes nas épocas de festas, aniversários e datas importantes, envia avisos ou telefona informando sobre as boas ofertas.

Dizem que o vendedor assim como o craque de futebol já nasce feito, eu até concordo em parte.

O vendedor pode até nascer feito.

Mas o profissional de vendas, assim como o grande craque não.

Estes devem se aprimorar treinar e se capacitar. São como o diamante.

Se não for lapidado não terá brilho e nunca atingira o valor que realmente merece.

Como citei os exemplos anteriores.

Vendas, se aprende, aperfeiçoam e estudam-se.

Mas acima de tudo devemos amar esta profissão para sermos bem sucedidos.

A verdade é que o sucesso não vem até nos devido à sorte ou acaso, mas sim por merecimento, muita luta dedicação, treinamentos e amor.

Ninguém é um campeão de vendas apenas porque nasceu com tino para negócios. Os que confiam apenas nisto estão fadados ao fracasso.

Você conhece algum grande profissional de sucesso que conseguiu sucesso apenas porque nasceu para isto, que não tenha precisado treinar, aprender, e esforçar-se? Não, todos precisam se preparar, estudar e ir mais além, Inclusive aprender a lutar e vencer a procrastinação.

Precisamos somente ir à luta, acreditar e querer realmente o sucesso.

Existe um antigo provérbio que diz: A melhor maneira de começarmos algo é começando.

Muitas vezes iniciamos a fazer ou aprender algo, e torna- se difícil, temos a impressão de que não vamos conseguir.

Ficamos irritados, aborrecidos e contrariados.

Quanto mais insistimos, mais contrariados ficamos, torna- se mais difícil captar as ideias, e assim realizar nossos objetivos.

Neste caso faça o seguinte. Pare tudo.

Descanse, vá fazer outras coisas, distraia-se e deixe algum tempo passar.

Então perceberá que com o tempo a vontade de continuar e encontrar soluções retornara e no final terá conseguido realizar a tarefa que parecia tão difícil.

Se for necessário interrompa o que está fazendo quantas vezes precisar e retome a atividade até terminar.

O segredo é dar tempo ao tempo quando for preciso, mas nunca desistir.

Procure Fazer disso um hábito.

Acostume-se a sempre terminar o que começar mesmo as coisas que parecem pequenas Isto na verdade é um condicionamento que precisamos adquirir.

Devemos ter persistência e garra.

Os vitoriosos são os que nunca desistem no meio do caminho.

O que precisamos, é ter paixão por nossas atividades. A paixão é que nos faz buscar, lutar e desejar a vitória.

Portanto devemos estar sempre apaixonados pelo que fazemos.

"apaixone-se muitas vezes e fará muitas coisas". Você precisa amar o que faz e isto é fundamental.

Digo sempre que aquele que ama sua atividade, nunca trabalha.

Na verdade, diverte-se, e ainda ganha para isso. Tenha foco em seus objetivos e metas.

Não fique planejando desenvolver várias coisas ao mesmo tempo, porque assim não conseguira realizar nenhuma.

Mas quando falamos em ir até o fim em tudo o que começamos, não significa que nunca devemos mudar de rumo.

Devemos desenvolver a atividade que nos realiza. No caso de perceber que não gosta do que está fazendo, deve realmente buscar um caminho diferente e que possa desenvolver com amor.

Algumas vezes precisamos recuar estrategicamente e depois retornar e em outras ocasiões abandonar de vez uma ideia e ir á busca de outras opções.

Mas sempre com o firme objetivo de ter êxito.

Normalmente temos que abandonar um projeto antes do final devido à falta de planejamento, estudos, pesquisas e despreparo.

Antes de iniciar qualquer projeto, primeiro devemos analisar as possibilidades e as condições que dispomos no momento para ver se é viável a sua realização, ou se devemos nos preparar melhor. Fazendo isto, com certeza terá sucesso em seus empreendimentos.

Lembre-se.

Nunca inicie algo que não tenha estudado e analisado o suficiente para estar preparado a levar adiante.

Maquiavel dizia.

"Se você for entrar em uma luta, analisar, e perceber que existem possibilidades de vitória e mesmo assim fugir é covardia, mas se você for entrar em uma luta, analisar, e descobrir que não tem nenhuma possibilidade de vencer, e mesmo assim insistir a enfrentar é irresponsabilidade."

Isto quer dizer mais ou menos o seguinte: Se não conhece o produto que você vende, a empresa que você representa, ou o projeto que pretende iniciar, estará entrando em uma luta a qual você não analisou ou estudou e, portanto não sabe suas reais possibilidades de sucesso ou não.

Na arte da venda hoje em dia, eu reforço que realmente vencedores são os profissionais e os qualificados, que dedicam tempo a estudar técnicas de atendimento, pesquisas, conhecimento dos seus produtos, características e benefícios.

Porque se não for um especialista na sua área, suas possibilidades der sucesso com certeza está correndo um grande risco de serem nulas.

"A disciplina é a parte mais importante do sucesso". (Truman Capote)

"A dor é passageira. Desistir dura pra sempre". (Lance Armstrong)

4
ESTEJA DISPOSTO A VENCER

Existem fases em nossa vida em que parece que nada dá certo. Tudo o que começamos, vai bem até um determinado ponto e de repente vai por água abaixo. Tudo o que não devia começa a acontecer.

Então chega um "amigo" daqueles bem otimistas e diz: Sabe o que é isto?

É olho gordo, inveja, é trabalho que fizeram para você não se dar bem na vida.

Sabe aqueles amigos que detém as explicações para tudo?

Na verdade uma das três observações que este "amigo" fez é verdadeira.

É trabalho que fizeram. E sabe quem fez este trabalho contra você? Você mesmo.

Na verdade, não é trabalho feito e sim trabalho mal feito. Trabalho mal feito, mal planejado e mal conduzido.

Será que você realmente fez o a, b, c, do empreendedor?

Pesquisou o mercado, se atualizou, capacitou e preparou um plano b para o caso de algo sair errado, ou simplesmente disse.

"Minha ideia tem tudo para dar certo, mas se algo der errado agente se vira e dá um jeito."

Será que estudou seu produto, treinou a abordagem, o atendimento, as técnicas de vendas?

Dedicou tempo fazendo o pós-vendas, fidelizou seus clientes, ou esperou sempre acreditando que existem sempre novos clientes a conquistar.

Iniciou cedo no trabalho, trabalhou nos dias em que os homens comuns não trabalham e ficou presente até o fechamento do estabelecimento?

Se for um novo empreendimento, analisou, fez um plano de negócio e pesquisou o mercado?

Pense nisto e responda para você mesmo. Existe somente alguém que pode limitar o seu crescimento e o seu sucesso. E esse alguém é você!

Se você deseja ser um vencedor precisa ter em mente algumas coisas importantes. Se você está disposto a vencer, então já percorreu uma grande parte do caminho para o sucesso.

Porque o que realmente desejamos, podemos conquistar sem sombra de dúvidas. A conquista do sucesso depende somente de você, da sua vontade, criatividade, persistência, senso de observação e reprogramação de atitudes.

A PNL diz "tudo o que alguém conseguiu, nós também podemos conseguir, bastando para isso seguir exatamente os mesmos passos daquela pessoa". E isso é comprovadamente verdadeiro. Se realmente está disposto a vencer, tenha a certeza de que vencerá!

Agora uma pergunta muito importante. Você está preparado para ter sucesso? Porque conquistar é uma fase, mas depois devemos saber manter o sucesso.

Após a conquista devemos conseguir administrar o sucesso. Você já observou quantas pessoas conquistaram sucesso e passado algum tempo ninguém mais sabe onde elas andam porque deixaram tudo ir por água abaixo? A vitória profissional e mesmo a pessoal depende de alguns fatores muito importantes.

E entre eles estão: Vontade, garra, preocupação em adquirir mais conhecimentos e domínio das atividades que desenvolvemos, além de trabalhar bem o marketing empresarial e pessoal, usando estratégias adequadas.
E para se adquirir isto é somente á base de treinamentos, cursos, estudos e realmente acreditar muito em sua capacidade e intuição.
Para termos sucesso devemos estar sempre dispostos a vencer, nunca desistir dos nossos sonhos

e se for necessário recomeçar novamente de onde paramos.

Lembre-se. Desistir no meio do caminho, nunca! Vou lhe dar um exemplo:

Estava eu no terceiro capítulo de um livro, com 89 páginas prontas no arquivo do meu computador, quando de repente ocorreu um problema e sabe o que aconteceu?

Eu perdi tudo.

Exatamente 89 páginas perdidas sem nenhuma cópia salva.

Sem backup nem nada, simplesmente não existia mais o que eu havia escrito durante horas, dias e meses. Imagine. Noites e dias pesquisando, escrevendo, para simplesmente perder tudo.

Pensei em desistir, fiquei muito desanimado, e durante algum tempo deixei de lado. Conforme o tempo foi passando, a vontade de escrever foi retornando e pouco a pouco voltei a escrever.

Pensei. "As coisas que sei estão aqui dentro da minha mente, estão contidas nas experiências que vivi, em tudo o que estudei, pesquisei e aprendi."
Então porque não fazer tudo novamente, porém com mais cuidado e prevenção?
Novamente comecei a escrever, mas desta vez tendo o cuidado de salvar tudo em um pen drive. Para ser sincero penso que até exagerei, por que além de salvar no computador ainda escrevia em um caderno com receio de novamente acontecer algo.

A partir deste dia nunca mais me descuidei e passei a salvar tudo o que escrevo. Porque se algo atrasou minha obra, não foi nada além do meu descuido, e falta de organização. Já que o erro aconteceu e com grandes prejuízos, eu aprendi que não devo repeti-los e por tanto fiz um novo trabalho. E o interessante é que desta vez ele saiu muito melhor do que teria sido o anterior.

Falei para mim mesmo: Como posso dizer as pessoas para não desistirem dos seus projetos e ideais, se eu mesmo não sou capaz de dar continuidade a um projeto porque ele teve um contra tempo. Seria o mesmo que dizer. "Faz o que eu digo, mas não faz o que eu faço." E cá entre nós isto é o que mais encontramos hoje em dia.

Pessoas pregando de uma forma e agindo de outra.
Narrei este fato para dar um exemplo de que nunca devemos desistir dos nossos sonhos e projetos no meio ao caminho, por mais que estejamos desanimados. Todos nós temos ocasiões de cansaço. Passamos por momentos em que nos perguntamos se devemos insistir e continuar, ou parar tudo. Nestes momentos devemos analisar a situação, rever nossos projetos, planos e objetivos traçados. Mas sempre retomar fôlego e ter a coragem de seguir em frente mesmo que tenhamos que criar novas estratégias. Se isto acontecer com você, verifique se seu projeto foi planejado, analisado e criado em bases reais, se a resposta for positiva, então você deve apenas descansar um pouco, recuperar fôlego e voltar à luta com forças redobradas, porque no final, quando tiver vencido os obstáculos verá que realmente valeu a pena.

Tudo que se repete constantemente torna-se hábito, inclusive as desistências frente ás primeiras dificuldades que aparecem.

Neste caso aprendemos a encontrar desculpas para interromper nossos projetos procurando assim ficar bem com nós mesmos, ainda que apenas teoricamente. Digo teoricamente, porque as desistências repetitivas nos tornam cada vez mais fracos e vulneráveis.

O segredo é ser inteligente, criativo, mas também analítico. Isto significa que antes de iniciar um novo projeto deverá estuda-lo sob todos os aspectos. Estar disposto a vencer é desejar o sucesso, é ter vontade de atingir objetivos, metas e sonhos previamente traçados. Nunca desistir de continuar em frente.

Então chegamos á conclusão de que para alcançar o sucesso devemos ter:

- Metas e objetivos
- Dividir as metas em etapas
- Motivação e ação
- Fé e criatividade
- Ter sonhos e ser empreendedor
- Focos nos objetivos traçados e resistência
- Dominar as técnicas em nosso segmento
- Fidelizar clientes
- Saber trabalhar em equipe
- Ter Persistência senso de Hierarquia
- Saber comunicar suas ideias

O sucesso não chega a nós através da sorte ou acaso, mas sim devido á luta, dedicação, treinamentos e trabalho".

Costumo repetir esta frase constantemente. Os que desistem das coisas no meio do caminho são os eternos perdedores.

Os empreendedores não desistem nunca, mesmo com as dificuldades encontradas, eles estão de olho nos seus projetos e sabem que as grandes vitórias não são fáceis de serem conquistadas. Você já ouviu falar de um campeão de Fórmula-1 que desiste no meio da corrida porque se encontra algumas voltas atrás? Provavelmente não. Pelo contrario conheço os grandes campeões que nunca desistem e sempre vão até o final da corrida

5

LIGUE-SE AO MOMENTO DA VENDA

Se não estiver concentrado, no momento do atendimento poderão ocorrer muitos contratempos, além de várias situações desconfortáveis e constrangedoras.

Na verdade você não deve estar atento somente ao momento da venda, mas sim atento a tudo que acontece na área comercial, nas tendências da moda, no tipo de clientes que você costuma atender, quais são normalmente as preferências dos seus clientes alvos, posição de estoque, prazos de entregas, assistências técnicas e tudo que pode tornar-se seu aliado no momento do atendimento.

Desatenção significa perder dinheiro e clientes. Temos tempo para tudo, portanto saibamos usar-lo e isto somente é possível quando aprendemos a controlar o tempo.

Fique sempre ligado na entrada da loja, para quando o cliente chegar ser recebido com uma ótima abordagem, sentir que tem um profissional realmente interessado e experiente para atende-lo.

Nunca diga aquele famoso, "Pois não, ou as suas ordens". Com este tipo de abordagem com certeza já terá perdido muitos pontos aos olhos dele. Sempre o receba dizendo, bom dia, ou boa tarde.

Exemplo: "Seja bem vindo a nossa empresa, meu nome é Jose e terei enorme prazer em atende - lo". Isto já deixará o cliente psicologicamente favorável a receber suas orientações sobre os produtos que possa lhe interessar. Agora, se o cliente der a velha resposta: "Só vou dar uma olhadinha."

Responda: "Fique a vontade, estarei aqui próximo ao senhor, para qualquer informação que precisar."

Portanto nunca cometa o erro de pensar coisas tipo: Ai, ai, mais um curioso novamente, hoje não é meu dia. Pense que nenhum cliente é perda de tempo. Já imaginou que se vender fosse tão simples assim, você não estaria trabalhando?

Se todos os clientes que entrassem na loja comprassem, porque os empresários gastariam tanto dinheiro com treinamentos, encargos e salários com profissionais de vendas?

As empresas com certeza usariam o sistema autos serviços. Lembre-se que hoje em dia encontramos praticamente tudo em quase todos os lugares.

Os mesmos produtos que você vende na sua loja, normalmente são encontrados em redes de hipermercados, lojas online, de conveniências e assim por diante.

Mesmo com todas as facilidades encontradas no mercado atual, existem clientes que preferem vir até seu estabelecimento, e sabe por quê?

Simplesmente porque estes clientes procuram um atendimento diferenciado, especial e exclusivo. Um atendimento personalizado.

Devido a isto não se dirigiu a um estabelecimento com o famoso sistema autos serviços onde normalmente os preços são menores.

Então é aí que deverá entrar seu ponto forte. O atendimento. Você deve apresentar a este cliente especial aquilo que ele busca e espera encontrar.
Um atendimento especial. Mesmo que venda os mesmos produtos que ele encontra em outros lugares.

Mas deve oferecer a ele, algo que não encontrou em nenhum outro estabelecimento. O atendimento diferenciado. O cliente deve sentir esta diferença logo na entrada, com a sua abordagem. Depois com sua descrição, apresentação e conhecimentos dos produtos, as explicações referentes á características e benefícios e na sua segurança ao falar. Fique se for necessário, horas ou dias estudando sobre produtos, característica, benefícios e praticando o teatro de vendas. Conheça a história das fabricas que produzem os produtos que você vende e qual o diferencial desta ou daquela indústria.

Onde e como é fabricado e outras informações.
Seja referente à produção, preocupação com o meio ambiente, reciclagem, etc.

Estes clientes que buscam um atendimento diferenciado, normalmente são esclarecidos e tem preocupação com estes assuntos.

E se por ventura, não são tão preocupados a esse respeito, com certeza gostarão de demonstrar a você e a eles mesmos que possuem este tipo de conhecimento.

Mas tome cuidado para não exagerar e acabar deixando o cliente pouco à vontade ou mesmo criar um clima de disputa de conhecimentos.

Procure sempre interagir com o seu cliente, observando suas preferências para não entrar em conflito com suas ideias.

Não tenha pressa em resolver logo a questão e fechar a venda.

Quando estiver fazendo um atendimento, esqueça de todo o resto, neste momento deve existir somente você e o seu cliente.

Veja este cliente como único e pense que ele esta trazendo sua grande oportunidade do dia.

Seja sincero, simpático e realista quando o cliente lhe fizer perguntas referentes à qualidade do produto, prazos de entrega, montagem e assistências. Faça o cliente tocar e sentir a mercadoria. Incentive-o imaginar ela na sua casa, no seu corpo.

Ele deve sonhar e pensar na satisfação que este produto poderá lhe trazer junto aos seus familiares e amigos.

Exponha todas as características e os benefícios que o produto possui. Uma coisa que devemos ter muita atenção é com o excesso de confiança.

Muitas vezes uma venda parece tão fácil, o cliente com tanta disposição de comprar que ficamos tentados a vender o mundo para ele. Queremos vender tudo.

Se ele comprou um carro, queremos vender o som, os acessórios e ao invés de um popular queremos vender um top de linha.

Trabalhamos em uma loja de móveis e estamos para vender uma cozinha, queremos também vender um quarto, uma sala, refrigerador, fogão, ar condicionado etc.

Algumas vezes estamos vendendo quinze mil reais, e então queremos vender quarenta mil.
E neste caso fazemos o que?

Começamos a desvalorizar o produto de menor preço. Dizemos que não é tão bom ou bonito quanto o outro mais caro.

Depois de algumas explicações o cliente chega à mesma conclusão que nós, devido a nossa insistência. Ele decide levar o produto melhor, mais bonito e mais caro. Que ótimo, venda fechada. Ou melhor, quase fechada. Então perguntamos ao cliente.

O Sr. Tem preferência or alguma forma de pagamento? O cliente responde. "Bem, eu trouxe quinze mil reais para comprar aqueles móveis que vimos inicialmente á vista, mas cheguei a conclusão de que este é melhor realmente e como custa quarenta, vou dar quinze mil de entrada e fazer o resto parcelado em 24 vezes ou então espero mais alguns meses e compro tudo à vista."

Que situação hem? Uma venda fechada de quinze mil, agora está em risco se transformar em zero.

O cliente pode ir para casa, deixar para outro dia, ou então passar por outras lojas, falar com outros profissionais de vendas que não façam questão de vender mais do que quinze mil reais garantidos. Imagine. Você fez o cliente sonhar com uma Hilux e agora vai ter que convencê-lo que um Fiat Uno básico é melhor.

Difícil não? Lembre-se. Melhor uma venda de quinze mil na mão, do que quarenta voando. Devemos trabalhar vendas adicionais sempre após verificar as reais possibilidades de compra do cliente. Isto já aconteceu comigo, e com outros profissionais muito confiantes em sua capacidade de argumentação e convencimento.

O bom profissional deve sempre pensar nas necessidades reais de seus clientes, suprindo-os de produtos que sejam realmente do seu interesse causando-lhe satisfação e bem estar. Algumas pessoas com uma personalidade um tanto influenciável acabam por comprar produtos que na verdade não tinha a intenção e nem a necessidade de adquirir devido a insistência de quem o atende.

Mas depois de algum tempo caem em si e percebem que fizeram um negócio desinteressante, voltam á loja para trocar a mercadoria ou pior, desfazer o pedido.
Isto acontecendo trará outras consequências além de simplesmente perder a venda.

As outras consequências são:

- Perder um cliente que já estava em sua relação de futuras vendas.
- Adquirir uma imagem péssima junto ao seu cliente. Ficar visado negativamente pela diretoria da empresa. Conhecendo o momento certo de fechar a venda.

Agora Vamos abordar algo que todos falam e escrevem, mas nunca explicam como fazer.

Até hoje tenho lido muitos livros sobre vendas, atendimento e assuntos ligados á área comercial.

Principalmente no início da minha carreira sempre esperava o momento de encontrar respostas sobre esta questão.

Esperava em vão, pois nunca vinha à explicação ou alguma orientação clara e objetiva a respeito.

Sabe do que estou falando?

Falo do famoso momento de fechar a venda. Ou seja: Como identificar o momento certo para fechar a venda. Pois bem. Vamos direto ao ponto, porque de nada adianta um grande trabalho de abordagem e atendimento se não fecharmos a venda.

O momento certo de fechar a venda é:

Depois de ter realizado um ótimo atendimento, explicado satisfatoriamente sobre características e benefícios dos produtos, ter feito com que o cliente toque a mercadoria, sonhe, deseje ter ela em sua casa e você tenha observado suas reações.

Neste momento convide-o a sentar, ofereça água, ou um café. Com calma, sem pressa e tranquilo você começa a falar sobre algum assunto que não esteja ligado a venda e então discretamente retorna ao que interessa. A venda. "Senhor Manoel, este produto é para o senhor mesmo, ou seria presente para alguém"?

Ele responde: "Sim, é para minha casa."

"E o senhor Tem urgência na entrega, preferências de horários ou que seja em um dia especifico"?

Se ele responder que não tem urgência e que pode ser entregue no tempo normal da empresa ou ao contrario falar que tem pressa, ótimo. A venda está fechada.

Ou também você poderá perguntar se ele tem preferência por alguma forma de pagamento, ou então qual é o endereço para a entrega.

Assim que obtiver esta importante confirmação, não perca mais tempo conversando, preencha logo o pedido encaminhe o cliente até o caixa e fique se for possível ao seu lado conversando um pouco enquanto ele espera, evite deixa-lo sozinho na fila de espera.

Note que tudo deve ser feito de maneira natural, sem muito suspense ou ansiedade. Nunca seja apressado para emitir um pedido.
Procure acompanhar todo o processo até que saia da loja com o comprovante em mãos.
Se for uma venda a crediário, com certeza não poderá ficar ao seu lado, devido ao tempo de espera.

Então neste caso venha de vez em quando verificar se está tudo correndo bem. Mantenha algum tipo de diálogo para que não fique entediado e decida voltar em outra ocasião de menor movimento.

Algumas vezes o interesse de um crediarista ou de um caixa de loja, que recebe um salário fixo, não é o mesmo do profissional de vendas que é comissionado.

Em hipótese alguma deixe o cliente na fila de espera do crediário ou do caixa para ocupar-se com outras atividades.

Fique ligado, até o momento em que ele estiver com a compra aprovada e confirmada. Neste caso, leve-o até a porta afirmando que acompanhará todo o processo.

Por incrível que possa parecer, já vi vendedores esquecerem seu cliente no crediário, saírem da loja para tomar café, ficarem muito tempo fora da loja e quando voltaram descobriram que o cliente tinha desistido da compra e ido embora por motivos banais que poderiam ter sido contornados por quem o atendeu se o mesmo tivesse permanecido na loja dispensando a devida atenção ao seu cliente. Portanto não cometa jamais este erro.

Os campeões de vendas são os que permanecem o maior tempo dentro do salão de vendas, deixando as fugidinhas e os cafés para aqueles que permanecem normalmente nas ultimas posições no quadro de vendas da empresa.

Seriedade, conhecimento, foco e profissionalismo caminham juntos, por isso mantenha-se focado e dedicado durante o tempo em se encontra no ambiente de trabalho, não se deixe envolver por conversas infrutíferas e desanimadoras.

Em praticamente todos os setores da vida encontramos dois tipos de pessoas. Aquelas que são otimistas, visionárias e possuem fé no que fazem e outras que são aquelas que vivem reclamando, desanimadas e dizendo que as coisas não dão certo.

Esteja sempre no primeiro grupo e fuja do segundo mesmo que pense que consiga mudar estas pessoas porque elas dificilmente irão mudar e o resultado que você terminará por fazer parte deste grupo.

Motivação é a arte de fazer as pessoas fazerem o que você quer que elas façam porque elas o querem fazer. (Dwight Eisenhower

6
INVISTA EM VOCÊ

Quando dizemos investir em você, estamos abordando vários aspectos desta profissão cheia de desafios. Isso que dizer cuidados pessoais, com a saúde, com os aperfeiçoamentos, treinamentos e organização profissional e pessoal.

Assim sendo envolve mudanças de hábitos diários, comportamentos e atitudes. Exigirá com certeza muita força de vontade e determinação.

Em alguns casos uma reprogramação mental Será necessária para que aprenda a estipular metas e datas para atingir seus objetivos. No calendário não existe a data, qualquer dia desses, qualquer hora dessas ou quando for possível. Você deverá criar uma tabela de planos e metas. Nesta tabela ira fazer as seguintes anotações: Vou fazer determinada coisa e estipular uma data coerente.

É importante fazer com que a meta seja atrativa, emocionante e não tenha medo de criar metas mais ousadas.

Use alguma das ferramentas de Coaching que expliquei anteriormente, Analise os projetos anteriores que não foram atingidos e estude os seguintes aspectos: Porque não foram atingidos, se são viáveis, como poderão ser realizados e quais as formas de atingi-los. Após estas análise estipule uma data que seja realista. Vou dar um exemplo:

Um amigo queria fazer um curso online muito bom em uma universidade americana chamada MIT.
Iniciou baixando um programa de tradução instantânea no seu computador. Uma iniciativa louvável, mas infrutífera. Ele estudava, estudava, mas não conseguia evoluir porque não falava inglês e o curso apresentava sua maior parte em vídeos que logicamente eram em inglês. Então só teve uma maneira de realizar seu projeto. Interrompeu o curso e foi estudar inglês.

Quer dizer que analisou a situação e descobriu que para fazer um curso em uma escola Americana deveria no mínimo falar inglês. Foi muito bom, porque ele ciente da sua barreira resolveu enfrentar de forma organizada e lógica. Devido a isto, conseguiu duas grandes realizações.

Formou-se no curso que desejava, e ainda passou a falar um ótimo inglês. Com este exemplo quero dizer o seguinte. Em vez de desistirmos nas primeiras dificuldades, devemos antes verificar o que está atrapalhando nosso sucesso, para depois decidirmos qual a melhor decisão a tomar.

Repetindo mais uma vez. Focar nossa atenção á solução, ao invés de ficar presos ao problema em si. O problema já aconteceu enquanto que a solução ainda está por acontecer. Acontece que infelizmente nós normalmente estamos cercados por pessoas e pensamentos negativos. Ouvimos a todo instante a palavra "não".

Não pode isto, não pode aquilo. Isto não vai dar certo. Eu não quero que isto aconteça. Eu não quero mais errar. Eu não quero mais ficar desempregado, e assim por diante.

Se as pessoas soubessem o quanto a palavra de negação impede o ser humano de evoluir, com certeza deixariam de usa-la em seu vocabulário diário.

Na verdade a usariam o mínimo possível, substituindo- a por frases afirmativas. De tanto repetir frases negativas e dizer "não" quero isso, "não" quero aquilo, começamos a nos preocupar mais com o que não queremos que aconteça do que com o que realmente desejamos.

Vou dar mais um exemplo: Existem alguns técnicos de futebol que jogam por um empate, armam uma tática apenas para não tomar gols e com isso abrem mão de atacar e tentar garantir a vitória. Só que passam o tempo todo se defendendo com medo de ir ao ataque.

O resultado é que terminam o jogo, tensos, cansados e normalmente perdem a partida e descobrem que deveriam ter agido diferente. Ter usado de movimentação ao invés do medo de perder.

Segundo estudos referentes à lei da atração, conhecimentos que são usados desde os tempos remotos pelos grandes sábios, filósofos, alquimistas e que hoje são colocados à disposição de todos através de livros como The Secret escrito por uma pessoa que dedicou muito tempo a estudar o assunto (Rhonda Byrne).

De acordo com as pesquisas, a autora afirma que, quando você fixa seus pensamentos e se mantém concentrado, você está atraindo o que deseja com o poder mais forte do universo, que é o magnetismo da sua mente. A lei magnética da atração não computa "sim," nem "ou "nunca", ou nenhuma palavra de negação".

Conforme Lisa Nichols, escritora e defensora da capacitação pessoal, Quando você fala negativamente, isto é o que a lei da atração recebe.

Exemplo: Você pensa "Eu não quero ter dívidas no final do mês". Sua mente entende "Eu quero ter dívidas no final do mês". "Eu não quero ficar desempregado."

Sua mente recebe "Eu quero ficar desempregado". Nossa mente com seu magnetismo incrívelmente poderoso ira providenciar para que nosso desejo aconteça. Na verdade a lei da atração nada mais é do que quando você usa afirmações uma parte específica do seu cérebro passa a concentrar-se mais naquela área e começará a ver oportunidades que antes passariam sem serem vistas.

Pessoas negativas dificilmente são felizes, ao contrário das pessoas com atitudes positivas.

Portanto sou adepto do positivismo por opção. Como também acredito enormemente no poder da fé. Mas uma fé baseada em lógica e realidade. Inclusive existem novos estudos e teses com bases fortíssimas de que existem técnicas e formas corretas para nossas orações obterem resultados. Aconselho para isso que leia o livro "Renascer Para Vencer".

Eis porque a importância de evitar usar a palavra "não" no seu vocabulário. Use expressões como. "Vou manter meu emprego." "Vou fazer as coisas certas." Tudo, é na verdade reeducação mental.

Deixe de preparar sua equipe apenas para não perder e passe a treinar o seu time para buscar a vitória.

Repito que Investir em você está relacionado com: Cuidados pessoais, postura, educação, simpatia, bom humor, fé, garra, perseverança, treinamentos e aperfeiçoamentos profissionais.

Ter amor pelo que faz, amor pelas pessoas que o cercam, cuidar de sua saúde, procurar ter conforto, bem estar para você e sua família. Acreditar na sua força, capacidade e certeza de que pode alcançar o sucesso.

Cada novo dia você recebe 1.440 minutos novinhos em folha. São somente seus e são intransferíveis. Então porque não aproveitá-los da melhor maneira?

Investir em você tem muitos outros significados que não estão explicados aqui porque são tantos que eu deveria escrever um livro somente para este assunto.

Sugiro a você fazer uma relação do que deve ser feito para preencher esta lista "invista em você".

Você é o comandante da embarcação que é a sua vida e deve adquirir o conhecimento e experiência necessária para conduzi-la a salvo e segura até seu destino.

Como comandante, o navio, está em suas mãos. Ou o conduz com segurança, ou naufraga no meio do caminho levando com você muitas outras pessoas, projetos e sonhos que poderiam ser realizados.

Apenas uma frase para terminar. "Investir em você é ter consciência de que somente você pode retardar ou impedir seu sucesso profissional e pessoal".

Investir em você é investir na saúde, lazer, e educação. Significa ter, sonhos, metas e objetivos definidos. Também significa estudar, aprender, aperfeiçoar-se cada vez mais.

Quer ser um bom comandante e conduzir seu navio com segurança até o destino final?

Então, segure o leme nas mãos firmemente, seja o condutor do seu destino criando e cumprindo metas e objetivos.

Um dia perguntaram a Sócrates:

– Qual a tua profissão?
– A mesma da minha mãe.
– Mas tua mãe é parteira!
– Eu também, sou parteiro de ideias.

Agora eu pergunto a você. Quer ser parteiro de sucessos? Ou prefere seguir o caminho dos perdedores que dedicam seu tempo a chorar sobre o passado e tudo o que deixou de fazer, jogando a culpa pelo sucesso que deixou de atingir em cima das pessoas, governos, falta de sorte ou azar.

Portanto a partir de hoje deixe de ser a vitima e passe a ser o causador. Causador de coisas boas, sucessos e ideias inovadoras.

No entanto, se deseja ser como Sócrates, um parteiro de ideias, sucesso e iniciativas, continue firme em seus projetos sonhos, caminhando rumo aos seus objetivos e com certeza conhecerá o sabor do sucesso, da realização e da felicidade.

O oceano é enorme, você tem muitos caminhos que poderia escolher para chegar ao seu destino, mas deve seguir uma rota previamente traçada.

Então olhe firmemente em uma direção e dirija seu navio com segurança rumo a ela.

Aqui você tem o leme a bussola e o norte. O resto é com você.

A força não provém da capacidade física. Provém de uma vontade indomável. (Mahatma Gandhi)

JOÃO PAULO ÁVILA

7
ZERE SUAS INSEGURANÇAS

Após os estudos nos caítulos anteriores acredito que algumas mudanças já devem ter sido realizadas em termos de posturas, atitudes e hábitos, creio que chegamos bem mais preparados a este capítulo.

Zerar a insegurança. Quer dizer que as coisas já devem estar bem mais fáceis de serem realizadas, se forem colocadas em prática às lições anteriores e os seguintes aspectos:

- Atendimento
- Abordagem ao cliente
- Exposição dos produtos
- Características e benefícios
- Fechamento de vendas
- Pensamentos positivos

Acredito que a este ponto a segurança no ato do atendimento não deverá representar mais um problema para você. Mas caso ainda exista alguma dúvida referente a manter- se tranquilo, calmo durante a entrevista e as negociações com o cliente, a seguir vão alguma ideias.
Para que exista segurança no atendimento é extremamente importante o conhecimento das regras da empresa bem como dos produtos que você trabalha. Este ponto é reforçado diversas vezes neste curso.

As regras, porque quando você for questionado a respeito de prazos, formas de vendas, pagamentos, garantias e assistências não fiquem confuso em frente ao cliente.

O mesmo deve acontecer referente aos produtos. Estude cada detalhe sobre os seguintes aspectos:

Material que é fabricado, tempo de garantia, validade, e especificações técnicas referentes à potência, peso, altura, largura e outros detalhes importantes porque estes pontos serão de grande importância para vender o produto correto para o seu cliente, evitando assim devoluções por causa de diferenças de espaços e medidas na hora da montagem de um item na casa dele.

Como falado anteriormente, estude principalmente as características e os benefícios. Apresentação do produto e quais as vantagens do cliente na compra do mesmo. Seja claro, objetivo, realista. Educado, delicado, mas ao mesmo tempo firme e conciso em suas apresentações

Agindo assim transmitirá segurança ao cliente e com isto abrirá Um grande caminho rumo ao fechamento da venda.

Mas se por acaso acontecer de não saber alguma resposta sobre algo que o cliente perguntar, responda calmamente e com sinceridade.
"Senhor desculpe-me, mas não estou bem certo a este respeito, procurarei saber e esclarecei de forma correta a sua dúvida me acompanhe, por favor".

Lembre-se de nuca deixar o cliente esperando sozinho enquanto vai buscar as informações desejadas. Neste caso peça a um colega para acompanhar o cliente. O cliente sozinho pode resolver ir embora e voltar mais tarde.

Alguns clientes, sendo conhecedores de alguns produtos, podem desejar testar seus conhecimentos e sinceridade e nestes casos, respostas evasivas ou inventadas na hora é uma catástrofe para a venda e para a sua imagem. Com uma atitude honesta o cliente passará a acreditar mais ainda em você, porque sentirá sinceridade em suas palavras.

Tenho batido várias vezes na tecla sobre os trenamentos constantes. Reintero neste sentido porque ser um profissional de vendas é realmente bem diferente de ser simplesmente um vendedor. O que muitos não entendem é que a área de negócios é tão importante quanto as outras como direito, administração etc.

É importante que aja sempre com segurança, conhecimento e domínio das informações que passar ao seu cliente.

Encerramos este capítulo com a apresentação de um texto que conservo guardado entre as coisas mais importantes que aprendi, ele chama-se:

Quem sou eu.

Eu sou a pessoa que vai a um restaurante, senta-se a mesa e pacientemente espera enquanto o garçom faz tudo, menos o meu pedido.

Eu sou a pessoa que vai a uma loja e espera calada, enquanto os vendedores terminam a sua conversa particular.

Eu sou a pessoa que entra em um posto de gasolina e nunca toca a buzina, mas espera que o frentista termine a leitura do seu jornal.

Eu sou a pessoa que explica a sua necessidade de uma peça com urgência, e recebe após três semanas somente.

Eu sou a pessoa que entra em um estabelecimento comercial, parece estar pedindo um favor, ansiando por um sorriso, uma palavra ou esperando, apenas ser notada.

Eu sou a pessoa que entra em um banco e aguarda tranquilamente que os caixas terminem seu café, seu horário de almoço, ou de conversar com seus amigos, e espera pacientemente na fila enquanto os funcionários andam de lá para cá, baixam a cabeça e fingem que não me veem.

Você deve estar pensando que sou uma pessoa muito paciente do tipo que não reclama ou cria problemas.

Mas sabe quem sou eu na verdade?

Eu sou aquele cliente que nunca mais volta e me divirto vendo milhões sendo gastos todos os anos em propaganda para me levar de novo a sua empresa.

Quando estive lá pela ultima vez, tudo que devia ter feito era apenas a pequena gentileza de me dar um pouco mais de atenção.

Portanto assim como eu, procure manter este texto sempre a vista para ler ocasionalmente.
Por incrível que pareça nos países do terceiro mundo principalmente existe um grande despreparo dos profissionais em geral referente a atendimento a clientes.

Parte da culpa é a falta de investimento das empresas em treinamentos e educação a os seus colaboradores. Mas que isto não sirva de desculpas porque educação e boas maneiras, devemos aprender em casa.

Vender é para muitos, mas ser campeão de vendas é para poucos. Os verdadeiros profissionais.
(Evandro Medeiros)

Atendimento ao cliente não é uma técnica a ser implantada, mas uma postura a ser cultivada.
(Mário Persona)

A qualidade é a nossa melhor garantia da fidelidade do cliente, a nossa mais forte defesa contra a competição estrangeira e o único caminho para o crescimento e para os lucros. (Jack Welch)

JOÃO PAULO ÁVILA

8
ESTENDA O RELACIONAMENTO

Chegamos ao ultimo capitulo do nosso Método Fidelize e aqui falaremos sobre a continuidade de um trabalho bem elaborado e que significa a chave do sucesso para quem atua na área de vendas. Estender o relacionamento. Este conceito, que deve ser muito mais do que palavras, mas também precisa ser de atitude.

Existe uma frase extremamente verdadeira que diz "Não é o sou por dentro que me define e sim o que eu faço". Porque das suas ações vai depender o seu salário, o aumento de sua renda, sua evolução profissional e realização pessoal. Quando estendemos o relacionamento, criamos uma carteira fiel e constante que sempre nos acompanhará independentemente de onde estivermos, em caso de transferência de loja, bairro, empresa, cidade etc. Estender o relacionamento significa ir além da venda concretizada.

Significa criar um vinculo sólido e permanente com os seus clientes, fazendo com que eles se lembrem de você.

O cliente deve ficar impressionado com o seu atendimento, simpatia, postura e consequentemente profissionalismo.

Isto quer dizer que ele deverá sair do estabelecimento, chegar a sua casa e sentir-se feliz por ter realizado um bom negócio, e que foi muito bem atendido por você.

Assim, sempre que alguém do seu círculo de amizades falar que pretende comprar algum produto ou serviço que você vende, ele dirá "Fulano vá até a loja tal, e procura o José porque ele irá orienta-lo e dar dicas de como adquirir o produto correto, além de te fazer um ótimo preço e ao chegar lá diga que quem te indicou foi eu". Este cliente já criou um vínculo com você, já se considera um cliente especial e com certeza você ganhara vários outros clientes através dele.

Estender o relacionamento vai além de simplesmente realizar uma boa venda. Significa disponibilizar tempo para criar um arquivo pessoal, cadastro particular de clientes com nome, data de nascimento, telefones, endereços, enviar correspondências periódicas seja através de correios ou e-mails.

De posse destes dados você poderá e devera enviar cartões em datas especiais tais como, aniversários, casamento, natal e outras. Também precisará ligar para os seus clientes perguntando sobre a sua satisfação com os produtos que adquiriu com você.

Se a resposta for amigável e ele estiver satisfeito, fale sobre as novidades e promoções que são reservadas somente a clientes especiais como ele.

Comente sobre os descontos que você reserva para quem já é seu cliente e convide-o para vir ao estabelecimento mesmo que seja somente para tomar um café, ou fazer uma visita.

Mas se por acaso ele demonstrar insatisfação, não fuja. Pergunte o que o está aborrecendo referente ao produto adquirido e faça as devidas anotações, fale que vai tomar as providencias necessárias para a solução do caso.

Assim que desligar o telefone de posse das informações vá até o responsável pela assistência técnica e procure resolver o problema. Você pode estar pensando que desta forma ira perder muito tempo, porque enquanto estiver fazendo isto não poderá atender novos clientes.

Mas lembre-se. Isto não deverá ser feito de forma mecânica.

Cada cliente e situação deve ser tratada de maneira única. As pessoas percebem quando estamos apenas recitando um texto previamente decorado.

Não podemos falar como as vozes dos locutores virtuais que possuem sempre os mesmos tons de vóz.

Somos pessoas falando com outras pessoas reais, das quais dependem nossas retiradas mensais.

Mas acredite, vale pena. Vamos imaginar uma situação?

Você esta em sua casa, de repente toca o telefone, você atende.

Alguém do outro lado diz:
- Posso falar com o senhor Manoel?

- Quem deseja falar?

- É o José da empresa Fidelize onde ele comprou a tv
.
- Olá José, aqui é ele que esta falando.

- Bom dia sr. Manoel, teria laguns minutos para falar agora?

- Estou ligando para saber se está satisfeito com a aquisição do seu produto em nossa empresa. Sua satisfação para nós é muito importante.

- Se por acaso houver algum problema estarei aqui para ajuda-lo.

Isto acontecendo, você não ficara satisfeito e muito mais tranquilo ao saber que em caso de problemas poderá contar com o profissional que lhe vendeu o produto e entrou em contato para saber se tudo está correndo bem?
Não passará a ver este profissional de forma especial? Provavelmente sempre que desejar comprar algo vai procurar este notável profissional. E quando alguém comentar com você que deseja adquirir algum produto lá existente também o indicará.

Quer dizer que depois de algum tempo, este trabalho de pós-vendas e fidelização lhe trará grandes resultados.

Usando este método não tenha dúvida de estará caminhando rumo ao sucesso.

Estender o relacionamento é fidelizar clientes. Fidelizar clientes é garantia de:

- Obter maiores salários
- Maximizar o tempo
- Sucesso profissional e pessoal.

Deseja o sucesso?

Acredite em você, em sua capacidade, inteligência, seja empreendedor e se for necessário mudanças que sejam hoje.

Que sejam a partir de agora! Outro fator importante.
Atualmente profissionais de vendas não devem apenas preocupar-se em conhecer produtos, técnicas comerciais, e ser bom em convencer pessoas.

Hoje um profissional deve entender ao menos um pouco de informática, saber como criar uma lista de e-mail segmentada, um blog ou site pessoal, postar artigos relevantes para ficar conhecido como um profundo conhecedor em seu segmento, usar redes sociais de uma forma mais profssional.

Deve usar a lista de e-mails para enviar notícias aos seus clientes, tomando os devidos cuidados para não enviar spam.

Procurar aprender usar uma ferramenta de e-mail marketing e auto responder. Referente a este tópico estarei lançando uma nova obra com matérias explicativas sobre esta área, mas no momento aconselho você a buscar ajuda no Google ou Youtube. São ótimos lugares para se obter informações.

Criar um site ou um blog, mesmo que seja gratís. Como personalizar e divulgar esta página na web.
As formas de fazer marketing on-line para atrair vendas.

Utilizar as redes sociais de forma realmente produtiva, porque por incrível que pareça ainda hoje a grande maioria das pessoas usam a internet apenas de forma improdutiva.

Uma boa opção para quem é iniciante criar um bom site, é a plataforma Comunidades. Nela você se registra gratuitamente, cria um site facilmente sem necessitar de conhecimentos tecnicos, através dos templates prontos que depois você poderá personalizar do seu jeito. Feito isto você dedica algum tempo a praticar como usar a plataforma e após isto adquire um domínio proprio com um site Premium por um valor muito baixo.

Outra boa opção para criar um blog é o Blogger, atualmente Blogspot, do Google, é grátis e muito fácilde usar. Apenas não acho muito profissional o uso de um subdomínio.
Não transmite muita segurança a quem acessa. Também você tem a opção de adquir um dominio grátis. Para isso basta pesquisar na internet sobre o assunto.

Nestes locais você tem algumas opções de endereços como .tk, .eu e outras que poderá adquir por um ano. Se bem que hoje é possível conseguir um domínio próprio por cinco reais e isto é bem mais aconselhável.

Estes domínios você poderá usar no blogspot, e outras hospedagens, sendo que não é possível usar na plataforma comunidades.

Mas ainda aconselho o uso do Comunidades para o caso de sites, que poderá acessar no endereço www.comunidades.net .

Após a criação do site tome cuidado para não esquecer de adicionar as palavras chaves que serão responsáveis pelo seu posicionamento nos motores de busca. Existem plataformas grátis de indexação de sites em diversos motores de buscas.

Estas são apenas dicas básicas para ajudar você a apresentar um perfil mais profissional e atual para os seus clientes.

No mundo dos negócios de hoje precisamos ser diferentes e criativos. Somente assim teremos sucesso.

"No Ouintana's Bar, eu sou um assíduo cliente. É um bar que não é bar, é um bar diferente". (Carlos Drummond de Andrade).

JOÃO PAULO ÁVILA

Considerações finais

Como podemos observar durante a leitura, as atividades comerciais estão cada vez se modernizando mais e a concorrência fica mais acirrada. Hoje encontramos praticamente os mesmos produtos e serviços em todos os lugares.

Atualmente os consumidores são muito bem informados sobre direitos, deveres, tendências e qualidade.

Felizmente para nós os profissionais de vendas a grande parte da concorrência está seguindo pelos caminhos do sistema autosserviços.

Sendo assim existe espaço para os profissionais de vendas realmente competentes que se aperfeiçoam e especializam-se em atendimento, pós-vendas e fidelização de clientes.

JOÃO PAULO ÁVILA

João Paulo Ávila

É Formado em Teologia, Coaching, Mentoring e consultor em assuntos comerciais, Marketing digital e SEO. Fundador da Fidelize Academy. Nasceu em 1959 – Santa Maria – RS. Iniciou na área comercial em 1981, na empresa Carrefour. Foi vendedor, gerente de loja, supervisor e gerente comercial.

http://www.joaopauloavila.com.br

https://fidelizeacademy.com.br

www.ingramcontent.com/pod-product-compliance
Lightning Source LLC
Chambersburg PA
CBHW030453220526
45464CB00006B/2516